I0392139

CATALOGUE

DE

BEAUX

DESSINS ANCIENS

DES MAITRES FRANÇAIS DU XVIIIe SIÈCLE

Composition importante de J.-B. GREUZE

ŒUVRES DE

BOILLY, BOISSIEU, BOUCHER, CARMONTELLE, COCHIN,
COSWAY, DE MACHY, DESRAIS, DUPLESSIS-BERTAUX, EISEN,
FRAGONARD, FREUDEBERG, GRAVELOT, GREUZE,
HOIN, HUET, MALLET, MARILLIER, L. MOREAU, MORLAND,
NILSON, OSTADE, PATER, PILLEMENT, PORTAIL,
QUEVERDO, ROWLANDSON, ETC.

Lacroix
(grandes pieces)
Muhlbacher
(petites pieces)

Intéressante série de portraits par Aug. de St-AUBIN

Composant la Collection d'un Amateur

DONT LA VENTE AURA LIEU

HOTEL DROUOT, SALLE No 3,

Le Samedi 7 Mai 1887 à deux heures

COMMISSAIRE-PRISEUR	EXPERT
Me PAUL CHEVALLIER	M. E. FÉRAL, peintre
10, rue de la Grange-Batelière.	54, Faubourg-Montmartre.

Chez lesquels se trouve le présent Catalogue.

EXPOSITION PUBLIQUE : le Vendredi 6 Mai 1887
De une heure à cinq heures.

CONDITIONS DE LA VENTE

———

La vente sera faite au comptant.

Les acquéreurs payeront cinq pour cent en sus des enchères.

———

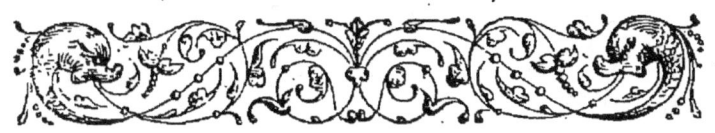

DÉSIGNATION

ADAM (ALBERT)

1 — *Portrait de jeune femme.*

Dessin aux trois crayons.

Haut., 34 cent.; larg., 24 cent.

Feral

BOILLY (LOUIS)

2 — *Portrait de femme.*

Représentée sur une chaise vue de trois quarts.
Dessin au crayon noir, rehaussé de blanc.

Haut., 44 cent.; larg., 34 cent.

BOILLY (Louis)

– 80 –

3 — *La Rencontre, au bois.*

Au lavis d'encre de Chine.
Ovale.
Cadre en bois sculpté.

Haut., 10 cent.; larg., 11 cent.

BOILLY (Louis)

– 100 –

4 — *Portrait d'une jeune fille.*

Dessin à l'estompe.
Cadre en bois sculpté.

Haut., 27 cent.; larg., 19 cent.

BOILLY (Louis)

– 120 –

5 — *Jeux d'enfants.*

Composition de quatre figures.
Dessin au lavis de bistre.
Signé.

Haut., 16 cent.; larg., 19 cent.

BOISSIEU

150-

6 — *Le Charlatan.*

Dessin à la plume et lavis d'aquarelle.

Haut., 23 cent.; larg.; 34 cent.

BOUCHARDON

40- 7 — *Portrait de Voltaire.*

Feral

Dessin à la sanguine.

Haut., 45 cent.; larg., 34 cent.

BOUCHER (François)

150

8 — *La Bohémienne.*

Une femme debout, la tête couverte d'un fichu, porte un enfant dans ses bras; un petit garçon tenant une pomme est assis près d'elle.

A la pierre d'Italie. A été gravé.

Haut., 22 cent.; larg., 16 cent.

BOUCHER (François)

— 120 — ⁹ — *Tête de jeune femme, avec diadème, vue de face.*

Dessin à la pierre d'Italie.
Cadre Louis XV, en bois sculpté.

Haut., 13 cent.; larg., 10 cent.

BOUCHER (François)

— 65 — 10 — *Tête de jeune femme.*

Vue de profil, le regard vers le ciel, les cheveux nattés.
A la pierre d'Italie.
Cadre en bois sculpté.

Haut., 12 cent.; larg., 10 cent.

BOUCHER (François)

— 210 — 10 *bis* — *Figure mythologique.*

Tête de jeune femme, les yeux levés au ciel, une flamme sur la tête.
Dessin au crayon noir, rehaussé de blanc.

Haut., 31 cent.; larg., 25 cent.

BOUCHER (François)

11. — *Chérubins sur des nuages.*

Dessin au crayon noir, rehaussé de blanc, sur papier bleu.

Haut., 28 cent.; larg., 20 cent.

BOUCHER (François)

12 — *Les Soins maternels.*

Dessin à la pierre d'Italie.

Haut., 20 cent.; larg., 14 cent.

La Sœur aînée.

Pendant du précédent.
Dessin à la pierre d'Italie.
Cadres en bois sculpté.

Haut., 20 cent.; larg., 14 cent.

BOUCHER (François)

13 — *Le Rêve d'un artiste.*

Un jeune peintre, assis dans son atelier, voit lui apparaître Vénus, l'Amour et d'autres figures allégoriques.
Dessin à la sanguine,

Haut., 45 cent.; larg., 32 cent.

BOUCHER (François)

14 — *Etude d'homme assis.*

Dessin à la sanguine.
Cadre en bois sculpté.

Haut., 34 cent.; larg., 25 cent.

CARESME

(DEUX PENDANTS)

15 — *Nymphes et Satyres.*

Les uns dansent, les autres font une offrande devant l'autel de Bacchus.
Aquarelles gouachées.

Haut. 22 cent.; larg., 32 cent.

CARMONTELLE

16 — *La Leçon.*

Jeune mère assise dans un fauteuil, faisant réciter la leçon à sa petite fille.
Crayon noir et encre de Chine.
Cadre en bois sculpté.

Haut., 27 cent.; larg., 32 cent.

CHASSELAT

_95._

17 — *Vignettes pour un almanach de poche.*

Suite de douze dessins au lavis d'encre de Chine.
Ont été gravés.

Chaque pièce mesure : Haut., 6 cent. ; larg., 5 cent.

CLERMONT

_115_—

18 — *Le Pauvre ménage.*

Mme Bénard)

A droite, le mari, ivre-mort, couché sur une table; à
gauche, la mère, tenant l'enfant dans ses bras, semble au
désespoir.

A la sanguine. Signé.
Cadre en bois sculpté.

Haut., 24 cent.; larg., 20 cent.

COCHIN (CHARLES-NICOLAS)

_38_

19 — *L'Architecture.*

feral

Composition de trois figures d'enfants.
Dessin à la plume et crayon noir, rehaussé de blanc.

Haut., 16 cent.; larg., 27 cent.

COCHIN (Charles-Nicolas)

20 — *Concert d'anges, sur des nuages.*

A la sanguine.
Signé C.-N. Cochin delin. 1782.
Cadre en bois sculpté.

Haut., 26 cent.; larg., 16 cent.

Concert d'Anges.

A la sanguine.
Signé C.-N. Cochin ; Delineavit, 1782.
Ce dessin et le précédent font partie d'une suite d'illustrations pour un missel.
Ont été gravés.

Haut., 28 cent.; larg. 16 cent.

COSWAY (Richard)

21 — *Portrait de jeune femme.*

En buste, vue de face.
Dessin aux trois crayons.
Cadre en bois sculpté.

Haut., 11 cent.; larg., 8 cent.

COSWAY (Richard)

-101. 22 — *Portrait d'un officier.*

En buste, dirigé à droite, avec cuirasse.
Aux trois crayons.
Cadre en bois sculpté.

Haut., 12 cent.; larg., 9 cent.

COSWAY (Richard)

23 — *Portrait d'un gentilhomme.*

En buste, dirigé à droite.
Aux trois crayons.
Cadre en bois sculpté.

Haut., 11 cent.; larg., 9 cent.

COSWAY (Richard)

-60 24 — *Portrait d'un officier.*

En buste, dirigé à droite.
Aux trois crayons.
Cadre en bois sculpté.

Haut., 10 cent.; larg., 7 cent.

COYPEL (CHARLES)

— 130 — **25** — *Cythère.*

Gouache dans un encadrement de fleurs, sur fond bleu.

Haut., 26 cent.; larg., 48 cent.

COYPEL

— 110 — **26** — *Tête d'Ange.*

Pastel, dans un cadre à fronton en bois sculpté.

Haut., 30 cent.; larg., 23 cent.

DE MACHY

27 — *Vue de la Place Louis XV.*

— 720 — Au milieu, échafaudage pour dresser la statue du Roi; sur le devant, un grand nombre de personnages.

A la plume et lavis de couleur.

Cadre en bois sculpté.

Haut, 23 cent.; larg., 45 cent.

DESRAIS (C.-L.)

28 — *Vue de Paris, prise du quai d'Orsay.*

A droite, le palais de la Légion d'honneur; à gauche, les Tuileries.

Dessin à la plume et lavis de bistre.

Haut., 45 cent.; larg., 70 cent.

DESRAIS (C.-L.)

29 — *Le Pont-Neuf.*

Nombreux cortège défilant sur le pont; dans le fond, à droite, la colonnade du Louvre, les Tuileries; à gauche, la Monnaie et une aile de l'Institut.

A la plume et lavis de bistre.

Haut., 47 cent.; larg., 72 cent.

DESRAIS (C.-L.)

30 — *Vue du Palais de l'Institut.*

Dans le fond, à droite, on aperçoit le Pont-Royal et le jardin des Tuileries; sur le devant, quelques personnages.

A la plume et lavis de bistre.

Haut., 45 cent.; larg., 71 cent.

DESRAIS

31 — Une Barrière de Paris.

Dessin à la plume et lavis de bistre.
Cadre en bois sculpté.

Haut., 17 cent.; larg., 26 cent.

Levoux

-115-

DESRAIS

**32 — Napoléon Ier reçoit au Champ de Mars
les députés des départements.**

Dessin à la plume et lavis de sépia, rehaussé de blanc.
Cadre en bois sculpté.

Haut., 25 cent.; larg., 37 cent.

-240

Feral

DUPLESSIS-BERTAUX

**33 — Colonne de la Grande-Armée, sur la place
Vendôme.**

Un nombreux public est assemblé pour l'inauguration
de la colonne.

Dessin à la plume et lavis de bistre.
A été gravé.
Cadre en bois sculpté.

Haut., 37 cent.; larg., 48 cent.

-610

EISEN (CHARLES)

34 — *En-tête de page pour les œuvres de Baculàrd d'Arnaud.*

Dessin à la mine de plomb.
A été gravé.

Haut., 6 cent.; larg.. 9 cent.

60

FRAGONARD (HONORÉ)

35 — *Parc et Villa d'Italie.*

Dessin à la sépia.

Haut., 24 cent.; larg., 37 cent.

-95-

FRAGONARD (HONORÉ)

36 — *Scène d'amour. — Sous la feuillée.*

Crayon noir rehaussé de blanc.
Vente Walferdin.

Cadre en bois sculpté.

Haut., 21 cent.; larg.. 27 cent.

-190

Lacroix

FRAGONARD (Honoré)

37 — *Entrée d'un parc, avec fontaine sur le devant.*

Dessin à la sanguine.
Cadre en bois sculpté.

Haut., 25 cent.; larg., 32 cent.

FRAGONARD (Honoré)

38 — *Bergers gardant leurs troupeaux.*

Dessin au lavis de bistre.
Cadre en bois sculpté.

Haut., 19 cent.; larg., 27 cent.

FRAGONARD (Honoré)

39 — *Environs de Naples.*

Vers la gauche, un bouquet d'arbres; à droite, un escalier conduisant dans un parc, avec palais au fond.
Dessin à la sanguine.

Haut., 36 cent.; larg., 49 cent.

FREUDEBERG

40 — *Le Doux entretien.*

Une jeune femme, assise dans son boudoir, reçoit la déclaration d'un jeune seigneur.

Gouache.

Cadre en bois sculpté.

Haut., 20 cent.; larg., 16 cent.

GÉRARD (Mlle)

41 — *Le Cordonnier.*

Le Chien savant.

Deux dessins, à la mine de plomb.

Haut., 16 cent.; larg., 15 cent.

GÉRARD (Mlle)

42 — *Jeux d'enfants.*

Deux dessins, à la mine de plomb.

2

GRAVELOT (HUBERT)

— 115 — **43** — *Sujet fantastique.*

Un homme, tenant une torche, brûle ses livres. Des femmes ailées lui apparaissent dans la fumée que le vent chasse vers la gauche.

Au lavis d'encre de Chine.

Haut., 21 cent.; larg., 28 cent.

GRAVELOT (HUBERT)

— 200 — **44** — *Vignettes pour « Boccace ».*

Deux dessins, à la plume et lavis de bistre. Signés.
Au bas de l'un est écrit : V journée nouvelle 8.

Haut., 10 cent.; larg., 6 cent.

GREUZE (J. B.)

— 62 — **45** — *Tête de bacchante.*

Pastel.

Haut., 39 cent.; larg., 31 cent.

GREUZE (J. B.)

46 — *La Bonne aventure.*

Composition de deux figures.
Au lavis d'encre de Chine.
Cadre à fronton, en bois sculpté.

Haut., 36 cent.; larg., 27 cent.

GREUZE (J. B.)

47 — *La Belle-mère.*

Importante composition, bien connue par la gravure
de Levasseur, portant cette légende :

« Elle lui donne du pain, mais elle lui brise les dents
avec le pain qu'elle lui donne. »

Dessin très fini, au lavis d'encre de Chine, rehaussé
de blanc, à la gouache.

Haut., 49 cent.; larg., 65 cent.

GREUZE (J. B.)

48 — *Jeune homme assis.*

Etude pour le *Fils puni.*
Au crayon noir, rehaussé de couleur.

Haut., 36 cent.; larg., 25 cent.

GUARDI

-30f.
Lefevre

49 — *Entrée d'un palais.*

Dessin à la plume et lavis d'encre de Chine.
Cadre en bois sculpté.

Haut., 47 cent.; larg., 32 cent.

HALL (attribué à)

- 24 -

50 — *La Famille de l'artiste.*

Croquis à l'aquarelle.

Diamètre : 6 cent.

HOIN

-1950

51 — *La Lecture.*

Dans un parc, une jeune châtelaine, assise sur un banc, feuillette un album que tient un jeune militaire assis auprès d'elle.

Gouache, signée et datée 1788.
Cadre en bois sculpté.

Haut., 35 cent.; larg., 28 cent.

HUET (J. B.)

52 — *Bergère poursuivie par un amour.*

Aquarelle signée et datée 1785.
Cadre en bois sculpté.

Haut., 21 cent.; larg., 15 cent.

HUET (J. B)

53 — *Joconde.*

Composition in-4° pour le conte de La Fontaine.
A la plume, lavée d'encre de Chine.
Signée et datée 1783.

Haut., 22 cent.; larg., 16 cent.

HUET (J. B.)

**54 — *Nymphe poursuivant des papillons et suivie
par un Amour qui tient une torche enflam-
mée.***

Aquarelle signée et datée 1785.
Cadre en bois sculpté.

Haut., 21 cent.; larg., 16 cent.

INGOUF

55 — *Baudoin (capitaine aux gardes), frère du peintre de ce nom.*

En buste, dans un médaillon, tourné à droite.

Dessin à la pierre d'Italie, signé : Ingouf junior del. 1772.

A été gravé.

Cadre en bois sculpté.

Haut. 19 cent.; larg., 14 cent.

LANCRET (Nicolas)

56 — *Jeune homme et jeune femme assis.*

Étude à la sanguine, rehaussée de blanc, sur papier teinté.

Cadre en bois sculpté.

Haut., 22 cent.; larg., 31 cent.

LANTARA

57 — *Vue des bords de la Seine.*

Au crayon noir et blanc.

A été gravé dans l'*Histoire des Peintres* de Charles Blanc.

Haut., 17 cent.; larg., 26 cent.

LAVREINCE (attribué à)

58 — L'Ingénue.

Une jeune femme, assise sur un banc, indique à un jeune homme la place destinée à la fleur qu'il lui offre.

La Brouille.

Dans un parc, au pied de la statue de Vénus et de l'Amour, un jeune homme en pleurs s'éloigne d'une jeune femme. Une amie paraît vouloir les réconcilier.

Deux gouaches, faisant pendants, dans des cadres en bois sculpté.

Haut., 21 cent.; larg., 16 cent.

LAWRENCE (Sir Thomas)

59 — Portrait d'homme, en buste, dirigé à droite.

A la mine de plomb.
Cadre en bois sculpté.

Haut., 12 cent.; larg., 10 cent.

LECLERC

60 — *Intérieur.*

— 175

Jeune femme debout appuyée sur une harpe et entou-
rée de ses enfants.

Plume et lavis de sépia.

Haut., 24 cent.; larg., 18 cent.

LECŒUR

61 — *Le Colin-Maillard.*

—310

Feral

Gouache,

A été gravée en couleur avec quelques changements.
Cadre en bois sculpté.

Haut., 3o cent.; larg., 24 cent.

LIOTARD

62 — *Portrait de jeune femme.*

—150

En buste, vue de face, les cheveux poudrés.
A la sanguine.
Cadre en bois sculpté.

¡Haut., 13 cent.; larg., 10 cent,

LE MAY

80 — 63 *— Vue d'un port de mer.* *et* S. Servan et S. Malo

Dessin à la plume et lavis de bistre.

Haut., 19 cent. larg., 32 cent.

LEPRINCE (Jean-Baptiste)

30 — 64 *— Le Repos.*

Jeune fille assise au milieu d'un paysage; une corbeille de fleurs est à côté d'elle. *ici*
Cadre en bois sculpté.

Haut., 32 cent.; larg., 27 cent.

LEPRINCE (Jean-Baptiste)

65 *— La Punition.*

Scène de famille russe.
Gouache.

Haut., 29 cent.; larg., 24 cent.

MALLET

66 — *La Toilette.*

- *1490 -
Feral

Jeune femme debout dans un salon : de la main droite elle met une rose à son corsage ; derrière elle, une soubrétte s'apprête à lui mettre son manteau,

La Réprimande.

Dans un salon, une jeune femme debout, en robe de soie jaune, écoute les conseils que lui donne une autre femme assise à droite.

Deux gouaches, formant pendants, dans des cadres en bois sculpté.

Haut., 27 cent.; larg., 20 cent.

MALLET

67 — *Le Roman défendu.*

- 2 bf -

Gouache.
Cadre en bois sculpté.

Haut., 23 cent.; larg., 31 cent.

MARILLIER (C.-P.)

68 — L'Orage favorable.
L'Incendie.

Dessins à la mine de plomb, pour les *Idylles* de Berquin.
Signés et datés 1774 et 1775.
Cadres en bois sculpté.

Haut., 9 cent.; larg., 6 cent.

MEUNIER

69 — Vue du Jardin Lafontaine, à Nîmes.

Composition animée d'un grand nombre de figures très finies.

Aquarelle signée et datée.
Cadre en bois sculpté.

Haut., 22 cent.; larg., 40 cent.

MONNET (C.)

70 — Allégorie.

Minerve, assise sur les nuages, montre la fortune à un jeune homme.
A la plume et lavis d'encre de Chine.
Cadre en bois sculpté.

Haut., 14 cent.; larg., 9 cent.

MORISEAU (N.)

71 — *Vignette-frontispice pour « Estelle ».*

Dessin à la plume et lavis de bistre, signé.

Cadre en bois sculpté.

> Haut., 8 cent. larg., 5 cent.

MOREAU (Louis)

72 — *Paysages avec cours d'eau et baigneuses.*

Petites gouaches de forme ronde.

> Diamètre : 6 cent.

MORLAND

73 — *Le Soir.*

Dessin à la plume et lavis d'aquarelle.

> Haut., 9 cent.; larg., 6 cent.

NATOIRE (C.)

74 — *Vue du parc d'Arcueil.*

Plume et lavis de couleur.

Cadre en bois sculpté.

> Haut., 24 cent. larg., 32 cent.

NICOLLE

31- 75 — *Vue de Rome.*

Aquarelle.

Haut., 20 cent.; larg., 13 cent.

NICOLLE (V.-J.)

70 76 — *Vue de Rome.*

Vue du Tibre et du fort Saint-Ange.
Deux aquarelles signées.

Haut., 20 cent.; larg. 31 cent.

NICOLLE (V.-J.)
(DEUX PENDANTS)

120 77. — *Deux vues de Paris, prises du quai de la Tournelle.*

Aquarelles.

Haut., 8 cent.; larg., 13 cent.

NICOLLE (V.-J.)

32- 78 — *Vues de Rome.*

Trois croquis, dans un même cadre.
Aquarelles.

NILSON (ELIE)

79 — *Portrait équestre du grand Frédéric de Prusse; dans le fond, son état-major.*

·Dessin à la plume et lavis d'encre de Chine.
Cadre en bois sculpté.

Haut., 28 cent.; larg., 19 cent.

NILSON (ELIE)

80 — *Leçon de peinture.*

Dans une salon Louis XV, une jeune femme assise devant un chevalet reçoit les conseils d'un jeune peintre.
Plume et crayon noir.
Cadre en bois sculpté.

Haut., 36 cent.; larg., 29 cent.

NORBLIN

81 — *La Foire de Falaise.*

Composition animée d'un très grand nombre de figures; dans le fond, une vue de la ville.
Dessin à la plume et lavis d'encre de Chine et de sépia.
Cadre en bois sculpté.

Haut., 64 cent.; larg., 99 cent.

OSTADE (Adrien)

1ff- **82** — *Paysans à la porte d'un cabaret.*

Dessin à la plume et lavis d'encre de Chine.
Signé des initiales du maître. *GOX*

Haut. 21 cent.; larg., 20 cent.

OZANNE

40- **83** — *Marine par un temps calme.*

Combat de la Surveillante et du Québec ?

Au lavis d'encre de Chine.
Signé.
Cadre en bois sculpté

Haut. 26 cent.; larg., 42 cent.

PATER (Jean-Baptiste)

100 **84** — *Dans un paysage rustique traversé par une rivière, plusieurs groupes de personnages se livrent à des jeux divers.*

Étude aux trois crayons, pour un de ses tableaux.
Cadre en bois sculpté.

Haut., 42 cent.; larg., 52 cent.

PATER (Jean-Baptiste)

85 — La Collation champêtre.

Dans une clairière, un groupe de personnages, assis autour d'une table. Devant eux, un homme debout paraît faire des tours de physique.

Étude aux trois crayons pour un de ses tableaux.

Cadre en bois sculpté.

Haut., 40 cent; larg., 51 cent.

PARROCEL

86 — La Promenade.

Jeune gentilhomme à cheval.

Dessin à la sanguine, dans un cadre en bois sculpté.

Haut., 14 cent.; larg., 18 cent.

PILLEMENT (Jean)

87 — Cabanes chinoises.

Deux dessins au crayon noir.

Signés.

Ont été gravés.

Cadres en bois sculpté.

Haut., 25 cent.; larg., 34 cent.

PILLEMENT (Jean)

(DEUX PENDANTS)

88 — *Retour des champs.*

Retour du marché.

Dessins à la pierre d'Italie.
Signés.
Cadre en bois sculpté.

Haut., 16 cent.; larg., 26 cent.

PORTAIL (Jacques-André)

89 — *Partie de musique.*

Sur le devant, un jeune homme, debout, joue du vio-
loncelle.
Dessin aux trois crayons.
Cadre en bois sculpté.

Haut., 30 cent.; larg., 25 cent.

PORTAIL (Jacques-André)

90 — *Deux jeunes femmes, dans un intérieur.*

Dessin aux trois crayons.
Cadre en bois sculpté.

Haut., 29 cent.; larg., 20 cent.

PORTAIL (Jacques-André)

– 3 6v.

Lefevre

91 — *Portrait d'homme.*

Représenté en buste, costume de mezzetin—appuyésur une table — coiffé d'un bonnet de fourrure.
Dessin à la sanguine.
Cadre en bois sculpté.

Haut., 17 cent.; larg., 13 cent.

PORTAIL (Jacques-André)

– 23 f-

92 — *La Lecture*

Jeune femme vue à mi-corps, dirigée à gauche, lisant.
Aux trois crayons.
Cadre en bois sculpté.

Haut., 15 cent.; larg., 11 cent.

PORTAIL (Jacques-André)

– 6 0 -

S. Meyer

93 — *Le Joueur d'échecs.*

Représenté en buste, tourné à gauche, assis devant un échiquier.
Sanguine et pierre d'Italie.
Cadre en bois sculpté.

Haut., 12 cent; larg., 9 cent.

PRUD'HON (Pierre-Paul)

94 — *Instruments de musique.*

Dessin au crayon noir, rehaussé de blanc, sur papier bleu.

Cadre en bois sculpté.

> Haut., 16 cent.; larg., 13 cent.

QUEVERDO

95 — *Portrait de jeune femme.*

En buste, dans un médaillon ornementé, tournée à droite.

Dessin à la mine de plomb, rehaussé de couleur. — Signé et daté 1767.

> Haut., 20 cent.; larg., 16 cent.

QUEVERDO

96 — *La Bonne mère.*
Le Bon fils.
Myrtil et Chloé.

(Suite du n° 96)

Le Pardon.

Suite de quatre dessins pour opéra comique, à l'aquarelle.

Trois de ces dessins sont signés et datés de 1786.
Cadre en bois sculpté.

Haut., 8 cent.; larg., 6 cent.

ROSLIN

97 — *Portrait de jeune femme.*

Dessin sur papier teinté, rehaussé de pastel.
Cadre en bois sculpté.

Haut., 25 cent.; larg., 20 cent.

ROWLANDSON

98 — *Accident de chasse.*

A l'entrée d'un parc, une famille éplorée s'apprête à
recevoir un gentilhomme, blessé et porté par trois de ses
gens. — D'autres serviteurs reconduisent les chevaux et la
meute.

Dessin à l'aquarelle.

Haut., 28 cent.; larg., 38 cent.

ROWLANDSON

99 — *Un marché, à Londres.*

Composition animée d'un grand nombre de person- *Feral*
nages.

Aquarelle signée et datée 1811.

Cadre en bois sculpté.

Haut., 3o cent.; larg., 5o cent.

SAINT-AUBIN (Augustin de)

100 — *Portrait d'une jeune femme.*

En buste, tournée à droite, avec un bonnet de dentelle
et rubans.

Dessin au crayon noir et mine de plomb. *non Signé*

Collection Renouard.

Cadre en bois sculpté, avec guirlandes de fleurs et
nœuds de rubans.

Haut., 15 cent.; larg., 12 cent.

SAINT-AUBIN (Augustin de)

101 — *Amelot.*

En buste, vu presque de face, dirigé à gaucl e. Costume de magistrat, décoré de la croix du Saint-Esprit. *Morgand*

A la mine de plomb. *non Signé*

Collection Renouard. Cadre en bois sculpté.

Haut., 15 cent.; larg., 11 cent.

SAINT-AUBIN (Augustin de)

-4u5 102 — *Molé.*

En buste, tourné à gauche.
Dessin à la pierre d'Italie et mine de plomb. *non signé*
Collection Renouard.
A été gravé.
Cadre en bois sculpté.

Haut., 12 cent.; larg. 11 cent.

SAINT-AUBIN (Augustin de).

-80 103 — *Molière.*

Buste posé sur un socle et tourné de profil à gauche.
Mine de plomb.
Collection Renouard.
Cadre en bois sculpté.

Haut., 17 cent.; larg. 12 cent.

SAINT-AUBIN (Augustin de)

-65 104 — *Montaigne (Michel de).*

En buste, dirigé à gauche, presque vu de face. Coiffé
d'un chapeau à larges bords.

Dessin à la mine de plomb, gravé par le maître en 1774, pour être mis en tête du *Voyage* de Montaigne.
Collection Renouard.
Cadre en bois sculpté.

non signé

Haut., 11 cent.; larg., 10 cent.

SAINT-AUBIN (Augustin de)

105 — *Joseph Pellerin.*

1 3 5.

En buste, tourné à gauche.
Pierre d'Italie et crayons de couleur. *non signé*
Gravé par le maître.
Collection Renouard.
Cadre en bois sculpté.

Mangin

Diam. 10 cent. 1/2.

SAINT-AUBIN (Augustin de)

106 — *La Fontaine.*

100-

En buste, profil à droite. *non signé*
A été gravé.
Collection Renouard.

Moreau Chaslon

Haut., cent.; larg., cent.

SAINT-AUBIN (Augustin de)

107 — *Napoléon.*

— 160 —

En buste, profil à gauche.

Moreau Chalon Ce portrait a figuré dans une estampe allégorique où Minerve tient d'une main ce médaillon représentant Napoléon et, de l'autre, une couronne de lauriers.

A été gravé. *non signé*

Collection Renouard.

Cadre en bois sculpté.

Haut., 9 cent. 1/2; larg., 7 cent. 1/2.

SAINT-AUBIN (Augustin de)

108 — *Gluck.*

— 46 —

Piot

En buste, profil à droite.

A été gravé.

Collection Renouard. *non signé*

A la pierre d'Italie.

Cadre en bois sculpté.

[Diam. 5 cent.

SAINT-AUBIN (Augustin de)

109 — *Portrait de l'un des enfants de M. Renouard.*

— 20 —

Morgand

A la mine de plomb. *non signé*

A été gravé.

Collection Renouard.

Diam. 7 cent. 1/2.

SAINT-AUBIN (Augustin de)

110 — *Linguet.*

En buste, tourné à gauche.
A la mine de plomb. *non signé*
Collection Renouard.
Cadre en bois sculpté.

Haut., 11 cent.; larg., 9 cent. 1/2.

SAINT-AUBIN (Augustin de)

111 — *Rousseau (Jean-Jacques).*

En buste, vu de face.
Première esquisse d'après de La Tour, pour l'édition
des Œuvres de Rousseau, 1774.
Dessin à la pierre d'Italie. *non signé*
Cadre en bois sculpté.

Haut., 15 cent.; larg., 11 cent.

111 bis *Le même personnage.*

Dessin plus terminé, au crayon noir et mine de plomb.
A été gravé par le maître.
Collection Renouard. *non signé*
Cadre en bois sculpté.

Haut., 11 cent.; larg, 10 cent.

SAINT-AUBIN (AUGUSTIN DE)

112 — L'abbé de Mably.

Leonard ?

En buste, tourné à gauche.
A la pierre d'Italie. *non signé*
Collection Renouard.
Cadre en bois sculpté.

Diam. 10 cent. 1/2.

SAINT-AUBIN (AUGUSTIN DE)

113 — D'Alembert.

Morgand

En buste, tourné à gauche. *non signé*
Dessiné d'après le buste de Houdon et gravé par le
maître pour les Œuvres de Voltaire.
Collection Renouard.
Cadre en bois sculpté.

Haut., 11 cent.; larg., 9 cent.

SAINT-AUBIN (AUGUSTIN DE)

114 — J.-J. Rousseau.

En buste, tourné à droite.
Dessiné et gravé par le maître en 1801, d'après le buste
fait par Houdon.
A la mine de plomb. *non signé*
Collection Renouard.
Cadre en bois sculpté.

Diam. 11 cent.

SAINT-AUBIN (Augustin de)

115 — *L'Abbé de Mably.*

En buste, de profil à gauche.
Crayon noir et mine de plomb.
Collection Renouard.
Cadre en bois sculpté.

Diam. 11 cent.

SAINT-AUBIN (Augustin de)

116 — *Portrait d'homme, en buste.*

Costume de l'époque du Directoire.
Au lavis, rehaussé de couleur.
Collection Renouard.
Cadre en bois sculpté.

non signé *Dollfus*

Haut., 15 cent.; larg., 11 cent.

SAINT-AUBIN (Augustin de)

117 — *Portrait d'une petite fille.*

Vue à mi-corps. Les cheveux tombant, les épaules découvertes.
Aux crayons de couleur.
Collection Renouard.

non signé *Lefeure*

Haut., 19 cent.; larg., 15 cent.

SAINT-AUBIN (Augustin de)

118 — *Barthélemy (Jean-Jacques)*.

En buste, dirigé à droite.
Aquarelle.
Collection Renouard.
Cadre en bois sculpté.

non signé

Feral

Haut., 9 cent.; larg., 6 cent.

SAINT-AUBIN (Augustin de)

119 — *L'Abbé Pomanyer*.

En buste, vu de face, dirigé à gauche.
Pierre d'Italie.
Collection Renouard.
Cadre en bois sculpté.

non signé

Haut., 10 cent.; larg., 8 cent.

SAINT-AUBIN (Augustin de)

120 — *Portrait d'homme*.

En buste, vu de face, dirigé à droite.
Pierre d'Italie et mine de plomb.
Collection Renouard.
Cadre en bois sculpté.

non signé

Feral

Haut., 14 cent.; larg., 9 cent.

SAINT-AUBIN (Augustin de)

121 — *Portrait d'homme.*

En buste, profil à droite.
Pierre d'Italie.
Collection Renouard.
Cadre en bois sculpté.

Haut., 11 cent.; larg., 7 cent.

SAINT-AUBIN (Augustin de)

122 — *Le Repos.*

Jeune femme en grande toilette, vue de face, assise sur une chaise.

Dessin à la pierre d'Italie.
Cadre en bois sculpté.

Haut., 24 cent.; larg., 18 cent.

SAINT-AUBIN (Augustin de)

123 — *Portrait de jeune femme.*

En buste, de profil à gauche, un bouquet de fleurs à son corsage.

A la pierre d'Italie et aux crayons de couleur.
Cadre en bois sculpté.

Diam. 15 cent.

SAINT-AUBIN (Gabriel de)

— 420

124 — *Le Coucher*.

Au milieu d'une chambre richement meublée, une jeune femme se tient debout en toilette de nuit.

Aquarelle.

Cadre en bois sculpté.

Haut., 21 cent.; larg., 16 cent.

SAINT-AUBIN (Gabriel de)

— 260 —

125 — *Caverne de brigands*.

Scène tirée de *Gil Blas*.

Dessin à la plume et lavis, rehaussé de blanc.

Cadre en bois sculpté.

Haut., 36 cent., larg. 28 cent.

SERGENT (A. F.)

— 100 **126 — *Promenade dans un parc*.**

Aquarelle signée et datée 1779, avec dédicace à l'abbé d'Harchambault.

Haut., 19 cent.; larg., 16 cent.

TAUNAY

127 — *Un coin de marché.*

Jeune femme coiffée d'un chapeau à larges bords, suivie de sa bonne, devant un étal de marchande de voláilles.

Dessin au lavis d'encre de Chine.

Cadre en bois sculpté.

Haut., 21 cent.; larg , 16 cent.

TORO (J. B.)

128 — *Projet pour une fontaine.*

Au milieu est représenté le triomphe de Neptune; au bas, des tritons et des chevaux marins. Le couronnement est orné d'un cartouche de dauphins et d'amours.

Dessin au lavis d'encre de Chine.

Très riche cadre en bois sculpté et aux armes de l'abbé de Pompadour.

Haut., 47 cent.; larg., 33 cent.

TRINQUESSE

129 — *Jeune femme assise dans un salon.*

Dessin à la sanguine.

Cadre en bois sculpte.

Haut., 31 cent.; larg., 23 cent.

TRINQUESSE

— 95 —
Lefevre

130 — *Mme la marquise d'Aouste.*

A la sanguine, dessiné à Rome en 1770.
Cadre en bois sculpté.

Haut., 24 cent.: larg., 19 cent.

TRINQUESSE

— 40 —

131 — *Le Repos.*

Jeune femme assise sur un canapé.
Dessin à la sanguine.

Haut., 12 cent.; larg, 14 cent.

VAN LOO (CARLE)

— 401 —

132 — *Portrait de femme.*

En buste, profil à gauche.
A la pierre d'Italie.
Cadre en bois sculpté.

Diam. 8 cent. 1/2.

VAN LOO (CARLE)

133 — *Nymphes au bain surprises par un satyre.*

Dessin aux trois crayons.
Signé.
Cadre en bois sculpté.

Haut., 54 cent.; larg., 74 cent.

WATTEAU (ANTOINE)

134 — *Les Danseurs.*

Etude d'après *la Kermesse* de Rubens qui est au
Louvre.
Sanguine.
Cadre en bois sculpté.
Collection de M. le baron de Schwiter.

Haut., 22 cent.; larg. 14 cent.

WATTEAU (ANTOINE)

135 — *L'Attente.*

Jeune femme vue à mi-corps appuyée sur une balus-
trade, tenant de la main droite un éventail.
A la sanguine.
Cadre en bois sculpté.

Haut., 12 cent., larg., 11 cent.

4

ÉCOLE ANGLAISE

136 — Tête d'enfant

— 20 —

S. Mayer

A la sanguine et mine de plomb.
Cadre en bois sculpté.

Haut., 8 cent.; larg., 7 cent.

ÉCOLE FRANÇAISE

137 — La Déclaration.

— 110 —

Mathias

Jeune femme assise sur un canapé; un jeune homme, à ses pieds, lui baise la main.
Gouache, dans un cadre en bois sculpté.

Haut., 27 cent.; larg., 21 cent.

ÉCOLE FRANÇAISE

138 — Le Sommeil.

— 1180 —

Jeune femme nue, vue de dos, couchée sur des draperies.
Pastel de forme ovale, dans un très riche cadre en bois sculpté.

Haut., 34 cent.; larg., 45 cent.

ÉCOLE FRANÇAISE

139 — *Portraits de femmes.*

Six dessins, au crayon noir et lavis de bistre.

ÉCOLE FRANÇAISE

140 — *La Surprise agréable.*

Une soubrette introduit un jeune homme auprès d'une jeune femme assise sur un canapé.
Sanguine et mine de plomb.

Haut., 31 cent.; larg., 40 cent.

ÉCOLE FRANÇAISE

141 — *Vue du Pont-Neuf et de la Samaritaine.*

Aquarelle.
Cadre en bois sculpté.

Haut.,   cent.; larg.,   cent.

ÉCOLE FRANÇAISE

- 39 - 142 — *Tête d'enfant tournée à gauche.*

Mine de plomb et sanguine.
Cadre en bois sculpté.

Haut., 13 cent.; larg., 10 cent.

Imp. D. Dumoulin et Cⁱᵉ, rue des Grands-Augustins, 5, à Paris.

www.ingramcontent.com/pod-product-compliance
Lightning Source LLC
Chambersburg PA
CBHW071439220526
45469CB00004B/1584